j'♥ les histoires

12 histoires pour les petits et les plus grands

Éditions Lito

Et si on lisait une histoire ?

Tourne les pages et découvre des rois,
des reines, des pirates et des sirènes ;
des histoires pour toi, ton grand frère ou ta petite sœur,
courtes ou un peu plus longues,
pour rêver, t'amuser, ou partir à l'aventure.
Une histoire pour chaque soir,
à lire avec papa ou maman.

Haut comme... , , :
à chaque âge, son histoire ;
pour les petits ou les plus grands.

Drôle, tendre, trépidante ou fantastique :
de quelle histoire as-tu envie ?

c'est la vie ! - à l'aventure

pour rêver - pour rire

sont autant de repères pour te guider.

5 minutes, 10 minutes ou 15 minutes ?
Un réveil t'indique enfin
combien de temps dure ton histoire.

Vivement ce soir !

SOMMAIRE

Susucepouce adore sucer son pouce.
Pas facile pourtant avec ses parents
qui le grondent tout le temps
pour l'en empêcher !
Le petit prince en a assez et voudrait
qu'on le laisse tranquille !
C'est vrai, quoi ! C'est si grave
que ça de sucer son pouce ?

La grande aviatrice Joanie effectue
une mission au-dessus de la cordillère
des Andes lorsque son avion perd de l'altitude.
Le moteur crachote, sa radio ne répond plus
et même son copilote, le chat Parole
saute sans parachute !
Si ça continue, elle va s'écraser, c'est sûr !
Heureusement que maman n'est pas loin…

« Ma sœur est plus grande que moi.
Elle se croit tout permis. Elle me vole
mes crayons de couleur, s'amuse à me faire peur…
Elle est bête, ma sœur !
Si ça continue, je vais demander à mon ami
le grand Zoubou de la capturer…
Et qu'on n'en parle plus ! »

Océane marie sa maman ■ Page 35

Béatrice Rouer ■ Claire Delvaux

Océane n'en peut plus !
Elle vit seule avec sa maman sirène
au fond de la mer et elles s'ennuient à mourir.
Mais alors qu'elles sortent pour se changer les idées,
la petite sirène et sa mère font une rencontre
qui va changer leur vie…

Ulysse et le tableau qui fuit ■ Page 43

Cathy Ytak ■ Elene Usdin

Ulysse a fait une bêtise !
En grattant le beau tableau de papy,
qui représente un port, ses bateaux
et sa demoiselle au bord de l'eau, il a fait un trou.
Et par le trou, l'eau s'est mise à couler !
Ouh là là, il faut vite tout réparer
avant que maman revienne !

La rentrée d'Oxo ■ Page 49

Arnaud Alméras ■ Daniel Blancou

Mais qui est donc cet étrange petit garçon
apparu soudain dans la cour de l'école ?
Personne ne le connaît, personne
ne comprend ce qu'il dit !
Une seule chose est sûre :
il semble bien décidé à retrouver
ce qu'il a perdu, quitte à semer la pagaille
dans toute l'école…

Petit cochon ! ■ Page 57

Gudule ■ Émile Jadoul

Rémi le petit cochon a les fesses musicales :
il ne peut pas s'empêcher de péter.
Tout le monde rigole, sa maîtresse le gronde…
Vous trouvez ça juste, vous ?
Rémi en a vraiment marre.
Surtout depuis l'arrivée de la si jolie Mélanie…

J'ai perdu mon bisou ! ■ Page 65

Natallie ■ Marie Flusin

En jouant dans la cour de l'école,
Clémentine perd son bracelet.
Mais au lieu de dire « J'ai perdu mon bijou »,
elle se trompe et s'exclame :
« J'ai perdu mon bisou ! »
Pour l'aider à le retrouver, les garçons
organisent alors un grand concours…

La Boîte à secrets ■ Page 73

Christine Palluy ■ Philippe Goossens

Pablo cache tous ses secrets dans une boîte
posée sur sa table de nuit.
Mais patatras !
Le vent a fait tomber la boîte et tous les mots
qu'elle contenait se sont échappés…
Catastrophe ! Tout le monde
va connaître ses secrets !

La pantoufle à fessée ▪ Page 79

France Chandèze ▪ Pierre Bailly

Les enfants Barouf cassent tout,
hurlent sans arrêt et n'obéissent jamais.
Une seule solution : la pantoufle à fessée.
À la moindre bêtise, à la plus petite chamaillerie,
elle entre dans une colère noire
et rend tous les petits diables
sages comme des images…

Mon âne avait des lunettes bleues ▪ Page 87

René Gouichoux ▪ Anne-Sophie Lanquetin

C'est la panique :
le petit Théodule ne se souvient plus de sa poésie
et il est l'heure de partir à l'école !
Mais la voiture de maman a disparu.
À la place, un âne, qui invite le petit garçon
pour un étrange voyage…

Le tonneau du pirate ▪ Page 93

René Gouichoux ▪ Véronique Mazière

Le père de Romain offre à son fils le tonneau
d'un célèbre pirate dans lequel le petit garçon range
ses jouets, même sa peluche qui l'accompagne
depuis tout bébé. Mais il est difficile de dormir
tout seul… Surtout lorsqu'en pleine nuit le pirate
vient récupérer son tonneau...

Susucepouce !

Béatrice Rouer
Quentin Gréban

C'est l'histoire d'un petit prince
qu'on appelle « Susucepouce »,
vous devinez pourquoi :
il suce son pouce toute la journée !
Quand on lui demande pourquoi,
il explique :
« J'aime mon pouce, il est si bon,
il a un goût si délicieux… »

Malheureusement, tout le monde
n'est pas de son avis.
Son père, le roi, dit en rigolant :
« Tu veux que je te prête mon pouce ? »
Sa mère, la reine, dit en grondant :
« Tu vas avoir des dents de rhinocéros ! »

Et sa sœur, la princesse,
dit en se moquant :
« Hou que c'est sale, hou que c'est bête ! »
Un jour, c'en est trop ! Susucepouce
en a assez ! Comme il est
très en colère, il met ses deux pouces
dans ses deux poches, et il part,
tout seul, et sans prévenir personne,
loin, loin du château pour trouver
un endroit où il aura enfin le droit
de sucer son pouce en toute tranquillité.
Et Susucepouce marche.
Il arrive devant un magasin de bonbons.
Une vieille dame en garde l'entrée.
Susucepouce demande :
« Bonjour madame, je voudrais acheter
un rouleau de réglisse.
– Bien sûr, répond la vieille dame,
mais pour l'avoir, il faut passer
derrière cette porte.
– Pour aller où ?
– Au pays des grignotes, tiens ! Ici,
tout le monde grignote : des bonbons,
des gâteaux, des chocolats,
des réglisses… »

« Hum hum, pense Susucepouce,
ma maman dit toujours que c'est mauvais
pour les dents de grignoter des sucreries,
et en plus ça coupe l'appétit.
Mon pouce est bien mieux… »
Et il continue son chemin.
Un peu plus loin, il croise un petit garçon
qui porte autour du cou un drôle de sac
avec un singe en peluche dedans.
Un vieux singe, tout usé,
tout raccommodé.
De temps en temps, le petit garçon
le sort pour sucer son étiquette.
Très intrigué, Susucepouce lui demande :
« Qu'est-ce que tu fais ?
– Tu vois bien, je suce l'étiquette
de mon Singeon.
– C'est bon ?
– Délicieux !
– Je peux essayer ?
– Oh non, pas avec mon Singeon.
Il est à moi et à moi tout seul.
Mais si tu viens dans mon pays,
tu pourras en avoir un.
– C'est quoi ton pays ?
– C'est le pays des nin-nins, des doudous,
des chonchons.
Ici, tout le monde a une peluche
ou un tissu qu'il aime.
– Et si on le perd ?
– Alors c'est très grave
et on est très triste. »
Susucepouce pense :
« Hum hum, mon pouce, au moins,
je ne risque pas de le perdre. »
Et il continue son chemin.

Il arrive devant un monsieur
qui fume une cigarette.
Il lui demande :
« Pardon monsieur, je cherche
le pays des suceurs de pouce.
– Ah vous faites erreur, jeune homme.
Ici, c'est le pays des suceurs de cigarettes.
– Ah, et c'est bon ?
– Délicieux. Tu peux essayer si tu veux. »
Susucepouce essaye, mais il se met
à tousser très fort à cause de la fumée.
Alors il pense :
« Hum hum, mon pouce au moins,
il ne me fait pas tousser. »
Et il continue son chemin.
Sans s'en rendre compte, il est revenu
devant son château. C'est bizarre.
Un drapeau noir flotte à la grande tour.
Que se passe-t-il ?

En le voyant, le roi, la reine
et la princesse, sont fous de bonheur.
Ils le serrent dans leurs bras
et le couvrent de baisers et de câlins.
Ils étaient très tristes
à cause de son départ. Ils ont eu peur
de ne jamais le revoir.
Heureusement qu'il est revenu !
Susucepouce leur explique :
« J'ai beaucoup voyagé. J'ai vu le pays
des grignotes, le pays des nin-nins,
des doudous, des chonchons, et le pays
des fumeurs de cigarettes.
Mais mon pouce est mieux :
Il ne me coupe pas l'appétit,
je ne peux pas le perdre,
et il ne me fait pas tousser.
Seulement, je n'ai pas trouvé
le pays des suceurs de pouce. »
Le roi, la reine et la princesse
réfléchissent.

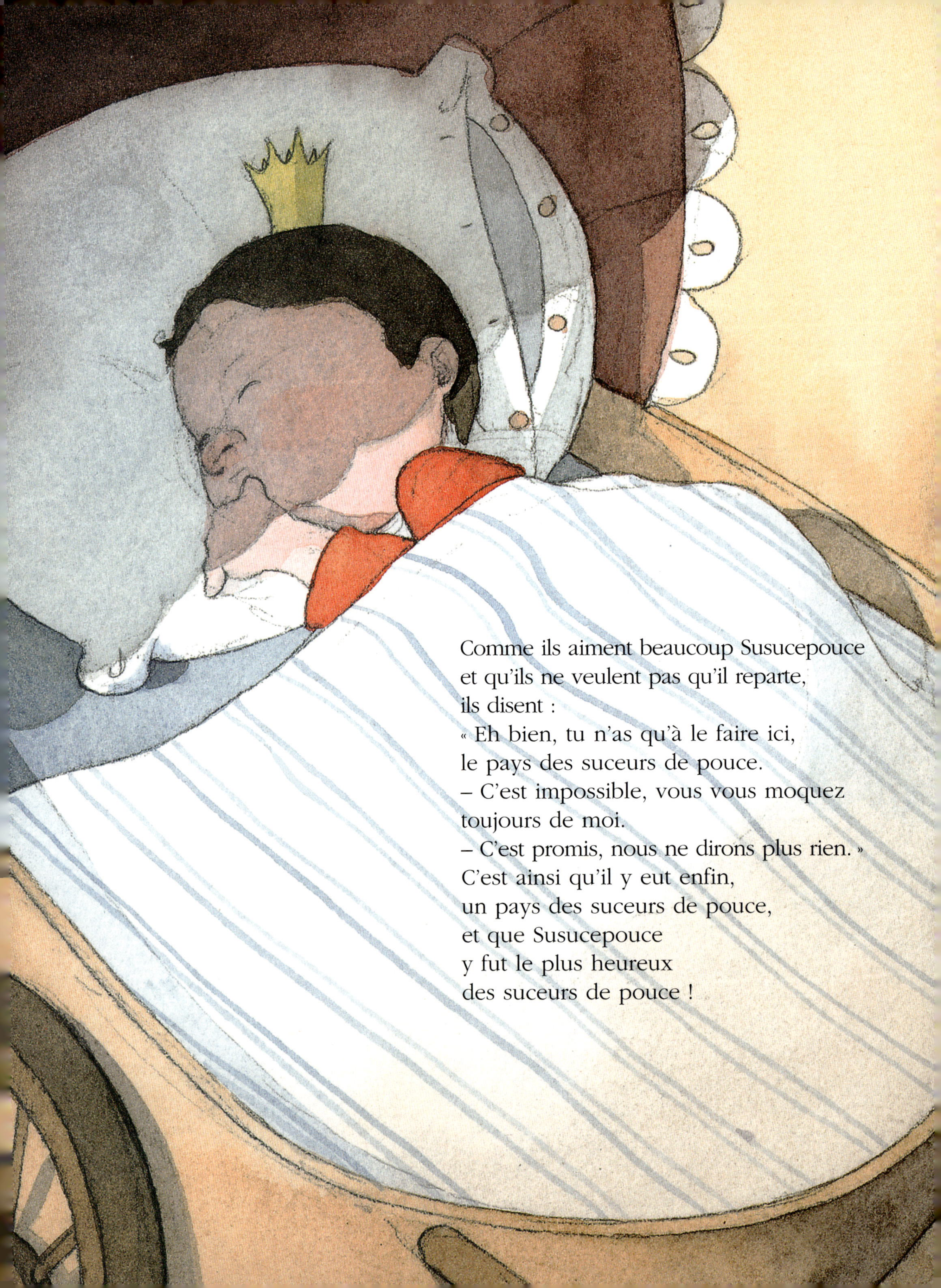

Comme ils aiment beaucoup Susucepouce
et qu'ils ne veulent pas qu'il reparte,
ils disent :
« Eh bien, tu n'as qu'à le faire ici,
le pays des suceurs de pouce.
– C'est impossible, vous vous moquez
toujours de moi.
– C'est promis, nous ne dirons plus rien. »
C'est ainsi qu'il y eut enfin,
un pays des suceurs de pouce,
et que Susucepouce
y fut le plus heureux
des suceurs de pouce !

Joanie et l'avion qui vole

Marie Mélisou
Béatrice Rodriguez

Joanie est assise dans son avion. Elle décollera à toute vitesse dès que son chat Parole aura mis un casque.
VRRRoOOooouuUUMM…
Elle appuiera sur les boutons du tableau de bord. Elle desserrera les freins. Elle n'oubliera pas de prévenir la tour de contrôle :
« Allô-allô, ici Joanie… J'ai l'autorisation de décoller ? »

Elle tirera sur les manettes,
et… **HoOOop !**
L'avion s'envolera dans les airs.
Joanie s'écriera en riant :
« C'est si simple de partir en mission. »
Joanie connaît bien son avion.
Elle est un bon pilote !

Pour devenir aviatrice,
Joanie a été aidée par son papa.
Il lui a expliqué les avions,
l'intérieur d'une cabine
et le poste de pilotage.
Papa a demandé :
« Joanie, devine combien
il y a de touches différentes
sur ton tableau de bord ?
– Vingt-douze ou trois-trente ?
– Joanie, ces chiffres n'existent pas !
Il y a au moins deux cent cinquante
boutons.
– Ho la la, c'est beaucoup comme des
millions. Pourquoi tous ces boutons ?
L'avion a la varicelle ? »
Papa a secoué la tête :
« Non, je parle des touches
sur lesquelles appuyer
pour donner des ordres.
Un pilote doit connaître
tous les boutons
et ne jamais
les confondre ! »

Maintenant, aux commandes
de son avion, Joanie effectue
des missions importantes sept fois
par semaine. Il peut y avoir
des dangers.
Sa maman dit que ce sont des « périls ».
Avec ce mot qui fait peur,
les missions de Joanie sont encore
plus extraordinaires.
Juste avant le départ, Joanie prépare
sa radio pour qu'on puisse la joindre
en vol. Elle est pressée et dit à Parole :
« Vivement qu'on soit au-dessus
des montagnes enneigées !
– Mroooârouur... »
Joanie emmène Parole.
Il est son copilote.

Joanie a noué une longue
et belle écharpe blanche
autour de son cou. Cette écharpe
la protègera des vents froids
qu'ils vont croiser au milieu
des tourments du ciel.
Joanie enfile aussi un casque en cuir
sur sa tête. Et elle met
de grandes lunettes de vision.
C'est pour protéger ses yeux
des insectes et de la grande vitesse.
Elle est parée pour un long vol !
Personne, à part Maman, ne peut y voir
un simple bonnet de laine
et les lunettes de soleil de Papa…
Mais chut, il faut y croire
autant que Joanie !
Aujourd'hui, Joanie et Parole partent
en Amérique du Sud.
Ils vont à l'autre bout du monde :
à Santiago du Chili en passant
au-dessus de la cordillère des Andes.
« Un endroit très dangereux », a dit Papa.
Joanie roule sur la piste de l'aérodrome
en vérifiant chaque instrument.
Parole s'occupe de l'essence, des roues,
et des ailes.
VVRrrrrrr… Ça y est…
Ils prennent de la vitesse !
Joanie est attentive
aux bruits de son moteur.
Elle tire sur ses manettes
pour prendre de l'altitude.
Elle corrige leur direction
car ils ne doivent pas monter
heurter le haut du ciel.

Bientôt, leur vitesse de vol est atteinte.
Joanie envoie des signes joyeux
aux nuages qu'elle croise.
Elle crie :
« Regarde Parole, c'est beau !
Le ciel est comme une grande piscine
transparente.
– Roâââmiaouu !
– Hé, Parole ! Il t'arrive quoi ?
Tu as mal au cœur ? »
Parole cherche à s'échapper.
« Mmroùùù…
– NON. Tu ne dois pas sauter
en plein vol…
Tu vas t'écraser, ça va être terrible ! »

CRRrrrrchhhh…
Tiens, la radio crachouille. On appelle
Joanie depuis le sol.
Qui veut lui parler ?
« Allô-allô ? Ici Joanie qui survole
la cordillère des Andes.
Qui me contacte ?
– Allô-allô ? C'est Maman.
Je te reçois 5 sur 5. J'attends la fin
de ton voyage. Tu es en retard
pour ta toilette et aller au… »
L'aviatrice répond :
« JE NE T'ENTENDS PLUS !
C'est la faute au brouillard…
Et puis un péril terrible apparaît…
Je dois raccrocher ! »
Maman insiste :
« À quelle heure est prévu
votre atterrissage ?
– Bientôt… Euh, quand il fera nuit. »

Vite, Joanie et Parole doivent franchir les montagnes. Mais… Leur moteur crépite.
Ils perdent de la vitesse. Et le copilote Parole saute sans parachute !
« Roâârouuu… »
Joanie s'affole :
« Parole, quelle aventure !
Ce n'est pas le bon endroit pour te poser… »
Au-dessous d'elle, Joanie aperçoit des montagnes hautes de 6500 mètres d'altitude. Elles sont pleines de neige. S'ils s'écrasent là, aucun survivant !

« Allô-allô ? »
La radio de Joanie ne répond plus.
L'avion dérive vers le sol. Joanie a peur toute seule. Elle ferme les yeux.
Elle bascule, elle s'accroche.
Elle a froid, elle a chaud, elle…
« Joanie, ma chérie, cette fois j'insiste, il est l'heure d'aller te coucher…
– Oh, Maman !
– Range cet avion et fais ta toilette, s'il te plaît. »
Joanie râle mais obéit.
Elle sort de son grand carton.
Parole s'approche d'elle, bâille et s'étire.
Comme c'est difficile de ranger son avion à l'heure du coucher.
Pourtant, Joanie se lave, brosse ses dents et retrouve sa chambre.

Une fois allongée dans son lit,
Joanie s'aperçoit qu'elle est fatiguée.
Elle a volé, voyagé, couru des dangers
extraordinaires. Elle a sauvé Parole
d'un péril écrasable,
et elle s'est beaucoup amusée.
Ses yeux se ferment tout seuls.
Le sommeil gagne Joanie
tout doucement, elle est heureuse.
Pas loin, Parole ronronne.
Un dernier sourire éclaire le visage
de Joanie. Elle vient juste de trouver
la destination du prochain voyage !
Ce sera merveilleux,
lors de leur prochain vol,
Joanie et Parole traverseront...

Ma sœur m'adore

Clotilde Bernos
France Sengel

Ma sœur est plus grande que moi.
Elle se croit tout permis. Grande et bête,
voilà ce qu'elle est !
Sur le chemin de l'école, elle marche
à grands pas comme si je n'existais pas.
Je crie : « Hé ! Tu m'attends ? »
Mais elle me répond :
« Avance plus vite, microbe ! »
Et voilà !
Si ça continue,
je vais demander à mon ami,
le grand Zoubou, de la capturer
puis de l'emporter, là-bas très loin
en Austrogonie.
Et qu'on n'en parle plus !

Elle vient toujours me prendre le bleu,
le jaune et le rouge, dans ma boîte
de crayons de couleur toute neuve.
Elle dit : « Je te les rends tout de suite. »
Et voilà !
Elle ne les rend jamais.
À cause d'elle, il ne me reste plus
que le crayon vert et ma belle boîte
ne ressemble plus à rien.

Elle est bête ma sœur.

Puisque c'est ça, mon ami
le grand Zoubou lui fera traverser
à pied la grande forêt d'Austrogonie,
pleine de boas et de panthères noires.
Et qu'elle disparaisse !

Le dimanche, c'est toujours elle
qui prend en premier le gros
chou à la crème mimosa que j'adore.
Et moi, il me reste la tarte aux pommes
toute plate.
Elle dit : « C'est délicieux,
vraiment délicieux ! »
Et voilà !

Elle est idiote ma sœur !

Cette fois, mon ami le grand Zoubou
la jettera dans la plus sinistre case
de son village, au cœur de la sombre
forêt d'Austrogonie et il lui donnera
à manger des cornes de rhinocéros
aux orties fraîches, à tous les repas.
Et qu'elle me laisse tranquille !

Hier soir encore, elle s'est cachée
derrière les rideaux de ma chambre
exprès pour me faire peur.
Elle a fait « Ouhouhouh ! Iiiiiiih !
C'est moi la sorcière Squelettine ! »,
juste au moment où j'éteignais
la lumière.

Elle se croit drôle.
Moi, j'ai hurlé de peur.
En sortant, elle m'a dit :
« Tu cries pour rien.
Les sorcières, ça n'existe même pas ;
Ô le trouillard, ô le trouillard... »
Et voilà !
Tout ça parce que je suis petit.

Elle est bête-idiote ma sœur !

Heureusement, mon ami
le grand Zoubou va la ficeler
et préparer un feu sous une marmite
pleine d'eau, aussi grande qu'elle...
Et que je ne l'entende plus !

Pas plus tard que ce matin,
elle a osé me demander
d'aller lui acheter un roudoudou,
en échange des crayons de couleur,
le bleu, le jaune et le rouge.
Alors j'y suis allé.
Mais j'ai rapporté un carambar
à la place du roudoudou.
Elle m'a dit : « Tu n'as pas plus
de cervelle qu'une autruche ! »
Et voilà !

Elle m'a quand même rendu
mes trois bouts de crayons tout mordus
et pas plus longs que mon petit doigt.

C'est une grande bête idiote ma sœur !

Par chance, là-bas en Austrogonie,
l'eau frémira déjà dans la marmite...
Ma sœur sera vert épinard,
mais elle aura encore la force
de geindre d'une pauvre voix :
« Au secours ! Au secours ! »
Quelle poule mouillée !

Complètement sourd à ses appels,
mon ami le grand Zoubou
la soulèvera et commencera doucement
à plonger ses doigts de pieds
dans l'eau fumante...

Juste à ce moment-là, j'arriverai.
Je hurlerai plus fort que le vent
dans les arbres de la grande forêt :
« Arrête, mon grand Zoubou ! »
Et ma sœur, je la sauverai.

Alors, tout emmêlée dans ses ficelles,
elle se précipitera vers moi
et me serrera fort dans ses bras,
en murmurant :
« Mon frère adoré, mon frère adoré... »
sans pouvoir s'arrêter...
Et voilà !
Au fond... ma sœur m'adore.

Océane marie sa maman

Béatrice Rouer
Claire Delvaux

Cette histoire commence
comme un conte de fées…
Un grand voilier blanc navigue
gaiement sur la mer bleue.
Le vent le pousse vers une île inconnue,
une île de sable blond, bordée
de palmiers et de cocotiers.
Une île si belle que le navire décide
de s'en approcher.
Comme il longe une bande de rochers,
soudain le chant d'une sirène s'élève,
très pur, dans l'air bleu du ciel.
On ne la voit pas encore.
Tous les marins font silence.

Le capitaine du bateau
prend son harmonica et joue
pour l'accompagner, quand soudain
la voilà, la sirène aux longs cheveux.
Elle est si belle que le capitaine
en tombe fou amoureux.
Hélas, le grand voilier blanc
doit bientôt repartir. Mais son capitaine,
lui, a décidé de rester. Il ne peut plus vivre
loin de sa sirène adorée.
Sur la plage de sable blond,
ils se marient. Les crabes, les crevettes,
les singes, les perroquets,
les vers de vase et les tortues,
tous leurs amis de l'eau, de la terre
et de l'air viennent les entourer.

Quelque temps plus tard,
la sirène a un bébé.
C'est une petite fille.
Ses parents l'appellent Océane.
À vrai dire, c'est une curieuse petite fille :
elle ressemble au capitaine,
mais elle nage comme sa maman.
Et surtout, elle peut vivre sous l'eau
comme les sirènes.

Si cette histoire était vraiment un conte
de fées, elle devrait s'arrêter maintenant.
On dirait : « Ils furent heureux
et ils eurent beaucoup d'enfants. »
Mais cette histoire est un conte de la mer.
Et dans les contes de la mer,
comme dans les contes de la vie,
ça ne se passe pas toujours très bien…

Au bout d'un certain temps,
le capitaine et la sirène
commencent à être malheureux.
Ils s'ennuient sur leur île.
La sirène voudrait voir d'autres sirènes
pour parler avec elles de son pays
de « sous la mer ».
Et le capitaine voudrait voir des marins
pour parler avec eux de son pays
de « sur la terre ».
Ils finissent par se disputer, souvent,
et de plus en plus souvent.

« Comment peux-tu rester comme ça
toute la journée, à te coiffer les cheveux ?
Ça ne sert à rien… crie le capitaine
à la sirène.
– Et toi, tu n'arrêtes pas de fumer
la pipe. En plus, ça sent mauvais.
– Ça vaut mieux
que de me casser les oreilles
en chantant toute la journée.
– Au moins je chante juste…
Tandis que toi,
avec ton harmonica à la noix…
– Quoi, qu'est-ce qu'il a,
mon harmonica ? »

« Ça y est, c'est reparti…
dit Océane à son perroquet
apprivoisé. Ils vont encore
se disputer pendant
une heure.

Et après, ils vont bouder,

chacun derrière un palmier. Vraiment, la vie n'est pas drôle sur notre île…
– Pas drôle sur notre île, répète le perroquet.
– Non, la vie n'est vraiment pas drôle sur notre île », répètent aussi la sirène et le capitaine.
Mais ils ont beau faire des efforts, ils ne cessent de se disputer.
« Peut-être qu'un marin n'est pas fait pour vivre avec une sirène », pense le capitaine.
Bien souvent, la sirène se dit la même chose.

Un jour où ses parents sont occupés à bouder, Océane monte en haut d'un cocotier avec son perroquet.
Et là-bas, tout là-bas, sur la mer bleue, elle aperçoit une voile blanche.
C'est le grand navire qui revient.
« Ohé, du bateau, crie le capitaine, fou de joie.
– Ohé, capitaine, répondent les marins.
– Ohé, ohé, ohé », répète le perroquet…
La sirène les regarde, et elle comprend.
Elle comprend qu'un capitaine doit vivre sur un bateau et une sirène sous l'eau.
Elle dit seulement au capitaine :
« Pars, si tu en as envie.
Tu seras plus heureux avec des marins, comme toi. »
Alors le capitaine embrasse tristement sa petite Océane.

« Je ne peux pas t'emmener avec moi,
dit-il. Il n'y a pas de petites filles
sur les bateaux qui font le tour du monde.
Mais je reviendrai ici souvent
pour passer du temps avec toi. »
Quand le navire n'est plus qu'un point
blanc à l'horizon, la sirène prend la main
de sa petite fille :
« Viens Océane, je t'emmène vivre
dans mon pays, sous la mer. »
Elles disent adieu à leurs amis du rivage
et plongent dans l'eau profonde.
Au fond de la mer, elles s'installent
dans une petite maison de corail rose.
La sirène rejoint ses pareilles,
les autres sirènes, et souvent,
elle chante avec elles.
Mais son chant est triste,
triste comme une longue algue brune.
Océane pense aussi, bien souvent,
qu'elles s'ennuient un peu
toutes les deux, sans l'harmonica
du capitaine :
« Si au moins, j'avais une petite sœur,
je pourrais jouer avec elle… »

Par un grand jour tout gris
dans leur maison de corail rose,
un jour qui n'en finit plus de durer,
Océane en a assez ! Elle dit :
« On pourrait peut-être aller au parc,
ça te changerait les idées.
– Si ça peut te faire plaisir », répond
sa maman d'une voix mélancolique.
Et les voilà parties toutes les deux.
En chemin, Océane trouve
une vieille coquille d'oursin.
Elle la prend pour jouer à la balle.
Soudain un grand remous se fait
parmi la foule des promeneurs :
le roi de la mer, en personne,
est là avec ses deux filles.
« C'est un père admirable,
chuchote une vieille raie bavarde
à une tortue-luth.
Il s'occupe beaucoup d'elles
depuis la mort de leur pauvre mère… »
Océane ne fait pas très attention
à tout ça. Elle joue avec sa coquille,
la lance et la relance, fort, plus fort,
encore plus fort… si bien que la coquille
atterrit directement dans l'œil du roi.
« Horreur, malheur ! » crie un poisson-scie.
« Scandale abominable ! » clame
un poisson-chat.

La maman d'Océane devient toute rouge :
« Votre Majesté, veuillez excuser ma fille.
Elle est un peu maladroite. »
Tout le monde se demande
ce que va dire le roi. Les fera-t-il
enfermer dans une prison ?
Mais non, il sourit et dit :
« Ça n'est pas grave. Je sais ce que c'est,
j'ai deux filles, moi aussi.
Accompagnez-nous
dans notre promenade ; ensuite,
vous viendrez goûter dans mon palais. »
Le palais du roi est magnifique.
Océane et sa maman sont émerveillées.
Les petites princesses ont pris chacune
Océane par la main et lui montrent
leurs trésors :
Un toboggan de grandes algues glissantes,
un dauphin qui veut bien leur servir
de trampoline, une pieuvre
qui leur fait des balançoires et surtout
une petite maison de poupées vivantes :
ce sont des crevettes habillées
en maillots de dentelle.
Pendant ce temps, le roi
ne cesse de regarder la sirène
et la sirène ne cesse de regarder le roi.
Elle le trouve si beau, si beau,
avec sa belle tête d'homme et sa queue
de poisson, que soudain elle se met
à chanter.

Tout le monde se tait, écoutant :
la belle sirène aux longs cheveux
charme le fond des mers de sa voix claire.
Le roi n'y résiste pas et se sent noyé
d'amour pour la maman d'Océane.
Il lui dit :
« Belle amie, je serais très heureux
si vous vouliez revenir souvent
dans mon palais. Nous pourrions
discuter, rêver, chanter…
Ce serait merveilleux. »
« Oh oui, ce serait merveilleux,
pense Océane. Je m'amuse tellement
bien ici avec les petites princesses,
et puis, grâce au roi, ma maman
est redevenue gaie, elle a recommencé
à chanter comme avant… »
Et l'on peut penser que peut-être
cette histoire finira comme un conte
de fées :
« Ils se marièrent, ils furent heureux
et ils eurent beaucoup d'enfants… »

Ulysse et le tableau qui fuit

Cathy Ytak
Elene Usdin

Je sais bien que ça n'est pas permis,
mais j'ai juste un peu gratté le vernis
du tableau de papy, pour voir
comment c'était dessous.
C'est un tableau très beau,
avec son port et ses bateaux,
et sa demoiselle au bord de l'eau.
On l'appelle « le tableau de papy »,
parce que c'est lui qui l'a peint.
Debout, en équilibre sur une chaise,
je n'ai pas gratté beaucoup…
Oh zut ! Ça a fait un trou !
Et par le trou, l'eau s'est mise à couler !
Ouh là là… C'est malin.

Je me dis :
« Ulysse, il faut tout arrêter !
Le tableau de papy fuit ! »
Vite, je descends de ma chaise
et je pousse le gros vase bleu dessous
afin que ça ne mouille pas partout.
Mais comment reboucher le trou ?
Pendant ce temps, un bateau,
se dépêchant avant qu'il n'y ait
plus d'eau, arrache son ancre
et se dirige toutes voiles dehors
vers la sortie du port.

Soudain, une ombre gicle
et m'éclabousse !
Je m'écarte.
Ah non, ça n'est pas le moment !
C'est un petit poisson tout frétillant.
Je l'attrape par les nageoires
pour le ramener dans l'eau du tableau,
mais il me glisse entre les doigts
et va tout droit dans l'aquarium
rejoindre ses cousins.

Le bateau, évidemment, a disparu
dans le lointain.
Mais que fait la demoiselle ?
La voilà, très intriguée, qui se penche
au-dessus du cadre doré.
De près, avec son ombrelle,
elle paraît sombre et contrariée.
« Enfin, Ulysse, que se passe-t-il ?
Un poisson m'a arrosée, ma robe
est toute mouillée et les bateaux
s'en vont sans prendre de passagers ! »
Je lui réponds :
« C'est le tableau qui fuit.
Et je dois reboucher le trou très vite,
sinon il n'y aura plus d'eau
sur la peinture de papy
et tous les bateaux seront partis.
– Tiens mon petit chou,
me dit la demoiselle en ouvrant
son sac à main, voici un timbre
de collection très rare et très cher.
Je te le prête jusqu'à demain. »
Je la remercie, mais on ne peut pas
reboucher un trou dans un tableau
qui fuit avec un timbre très rare
et très cher, même si on vous appelle
« mon petit chou. »

C'est alors qu'un gros poulpe
au regard très doux jaillit et rebondit
sur le parquet.
Il me sourit en s'exclamant :
« Bonjour, Ulysse.
C'est joli chez toi !
Tu me fais visiter ?
– Je n'ai pas le temps !
Maman va bientôt arriver,
et je suis très ennuyé.
J'ai fait un trou dans le tableau de papy,
l'eau coule, les bateaux fuient,
les poissons s'envolent
et la demoiselle est toute mouillée…
– Pas de panique, moussaillon,
je vais t'aider ! »
Moussaillon, c'est aussi le petit nom
que papy me donne
quand il veut m'encourager.
Mais la demoiselle a vu le poulpe
et s'est mise à hurler,
avant de se précipiter
au fond du tableau, se cacher
derrière un poteau.
Le poulpe, ça le fait rigoler, rigoler !
Il en bave partout de l'eau salée
et de l'encre violette.
Il est très gentil, le poulpe.
Après avoir bien rigolé, il s'est glissé
sous le tableau, puis a passé une patte
par-devant pour refermer le trou.
Maintenant ça fait une bosse,
mais ça se voit pas trop.

Il était temps !
Voilà maman qui arrive en courant.
Mais tout va bien,
et tout est comme avant.
Enfin, presque comme avant…
Il y a juste un peu d'eau salée
dans le gros vase bleu, de l'encre
violette par terre, un poisson volant
au fond de l'aquarium, un bateau
en moins sur le tableau, une demoiselle
cachée derrière un poteau, et un poulpe
au regard si doux, accroché à un trou.

La rentrée d'Oxo

Arnaud Alméras
Daniel Blancou

Ce matin-là c'est la rentrée.
Cela fait bientôt une heure
que tous les élèves ont rejoint
leurs classes. Dans son bureau,
Monsieur Audin, le directeur,
contemple un étrange objet
qu'il a trouvé dans la cour.
« Je me demande ce que c'est…
En tout cas, les parents ne sont pas
sérieux de laisser les enfants venir
en classe avec des choses pareilles… »
Quand il relève la tête,
quelle n'est pas sa surprise d'apercevoir,
dans la cour, un élève qui semble perdu !

Il porte un blouson rouge tout brillant,
des chaussures montantes
avec des fermetures Éclair,
et ses cheveux sont tellement blonds
qu'on dirait qu'ils sont blancs…
« Je croyais pourtant qu'ils étaient tous
rentrés », marmonne Monsieur Audin.
Il sort de son bureau, et va retrouver
l'enfant dehors :
« D'où sors-tu ? Comment t'appelles-tu ? »
Pas de réponse.
« Tu as perdu ta langue ?
Allons, il ne faut pas être intimidé
comme ça ! Ne t'inquiète pas,
je vais t'accompagner dans une classe…
tu dois bien être en CE1 ou CE2…
Ce serait tout de même plus facile
pour moi si tu me donnais ton nom !
Bon, on verra ça tout à l'heure. »
Quelques minutes plus tard,
le directeur entre dans la classe
de Madame Itier :
« Excusez-moi de vous déranger,
je vous confie un petit élève
qui errait dans la cour.
Il semble complètement perdu.
Impossible de lui faire dire
quel est son nom ! Je vais aller regarder
dans mes listes, mais en attendant,
pouvez-vous le prendre dans votre classe ? »
La maîtresse s'approche gentiment
du nouveau venu :
« Bonjour, je m'appelle Michèle. Et toi ? »
Pas de réponse.
« Il ne faut pas avoir peur de moi !
Tiens, installe-toi ici. »

Le nouveau s'assied
derrière un petit bureau.
Dès que la maîtresse a le dos tourné,
on entend une drôle de voix pointue :
« Oxo ! »
La maîtresse sursaute :
« Ah ! Ça y est, tu sais parler !
Oxo, est-ce ton prénom
ou ton nom de famille ?
– Oxo ! répète le nouveau.
– Décidément tu m'as l'air d'être
un sacré numéro », dit Madame Itier.
Puis, elle se met à écrire sur le tableau
noir. Mais Oxo se lève et se met
à farfouiller dans tous les coins
en répétant : « Oxo ! Oxo ! »
La maîtresse met les poings
sur ses hanches :
« Veux-tu rester assis à ta place ? »
À ce moment-là, Oxo plonge
dans le cartable de Madame Itier.
Puis il ouvre un à un les tiroirs
de son bureau.
Alors elle devient toute rouge :
« Ah non ! Mais qu'est-ce que c'est
que ce cirque ! »
Elle se précipite vers le nouveau.
Aussitôt, les yeux d'Oxo deviennent
aussi brillants que deux petites ampoules.
Soudain la maîtresse décolle,
et se retrouve… assise en haut
de l'armoire !
« Au secours ! À l'aide ! » crie-t-elle
d'une voix tremblante.

Dans la classe, tout le monde a quitté sa place et parle en même temps :
« Ce gars-là, il a une force incroyable ! Il doit être ceinture archinoire de judo.
– Mais non, je te jure qu'il ne l'a même pas touchée ! »
Paul, le maître de CM2, qui fait la classe à côté, accourt en entendant ce raffut :
« Qu'est-ce qui se passe ? Il y a eu un accident ? »
Quand il voit la maîtresse assise en haut de l'armoire, il ouvre trois fois la bouche comme un poisson.
Puis il réussit à dire :
« Ah ça par exemple ! Ne bougez pas, je vais chercher un escabeau et prévenir le directeur… »

C’est alors que la cloche de la récré se met à sonner. Tous les enfants sortent de leur classe pour aller dans la cour. Oxo en profite pour se faufiler parmi eux.
Il continue de farfouiller partout, en répétant :
« J’aix perduz monz oxo… »
En passant devant le bureau de Monsieur Audin, il s’arrête, glisse la tête par la porte entrebâillée.
Il voit alors l’étrange objet que le directeur a trouvé dans la cour et se glisse dans la pièce.

Le directeur, qui a enfin réussi à faire
descendre la maîtresse de son armoire,
apparaît dans le couloir :
« Où est cet énergumène ? »
À cet instant, Oxo jaillit hors du bureau,
et lui file entre les jambes.
« Attends un peu que je t'attrape ! »
s'écrie Monsieur Audin.
Oxo fonce vers les toilettes
et se met à courir autour des lavabos,
poursuivi par le directeur :
« Ah, sacripant ! Ah, tu veux me faire
tourner en bourrique, sacrebleu ! »
Oxo virevolte, se glisse par-ci,
se faufile par-là, bondit, galope et finit
par se précipiter dans la cour.
Il la traverse en courant
et se met à grimper sur le toit de l'école
aussi facilement que si ses pieds
étaient aimantés par le mur…
Monsieur Audin essaie de le rattraper
et gesticule dans tous les sens :
« Ne bouge plus, tu m'entends ?
Ne bouge plus, sinon tu vas tomber ! »

À ce moment-là, une ombre immense
s'étend sur la cour.
Là, au-dessus de l'école, apparaît…
une soucoupe volante !
« Papax, mamaz ! J'aix retrouvéz
monz oxo ! »
Oxo tient dans la main une sorte
de petite télé rose, toute ronde,
toute douce, qui sent la vanille
et fait une musique très douce…
C'est le fameux objet qui se trouvait
quelques minutes auparavant
sur le bureau du directeur !
Une porte ronde s'ouvre :
« Monz chériz, comme nouz étionz
zinquiets ! Tu sais bien qu'il ex interdiz
d'allex sur la terrx !
Tu mériteraix une bonne fesséx ! »
répond une voix qui vient
du vaisseau spatial.
« Maiz monz oxo étaiz tombéz
par le hublox ! »

Un rayon argenté descend sur Oxo
et il est aspiré dans les airs,
comme dans un ascenseur invisible.
« Dépêche-toix, il ne faut pax zêtre
en retarx à la galax-école…
le jourx de la rentréz ! » grogne une voix
à l'intérieur.
Oxo serre sa petite télé rose
sur son cœur et disparaît par la porte
ronde. Le vaisseau spatial s'éloigne alors
aussi vite qu'une étoile filante.

Petit cochon !

Gudule
Émile Jadoul

J'ai un gros gros problème : je pète tout le temps. Ce n'est pas ma faute, je ne peux pas m'en empêcher. Et pourtant, j'essaie ! Parfois, je deviens tout rouge tellement j'essaie ! Le docteur dit que je souffre d'aérophagie. Ça signifie que mes intestins fabriquent de l'air. Et cet air il faut bien qu'il sorte. Alors, il sort par mon derrière… et tout le monde rigole !

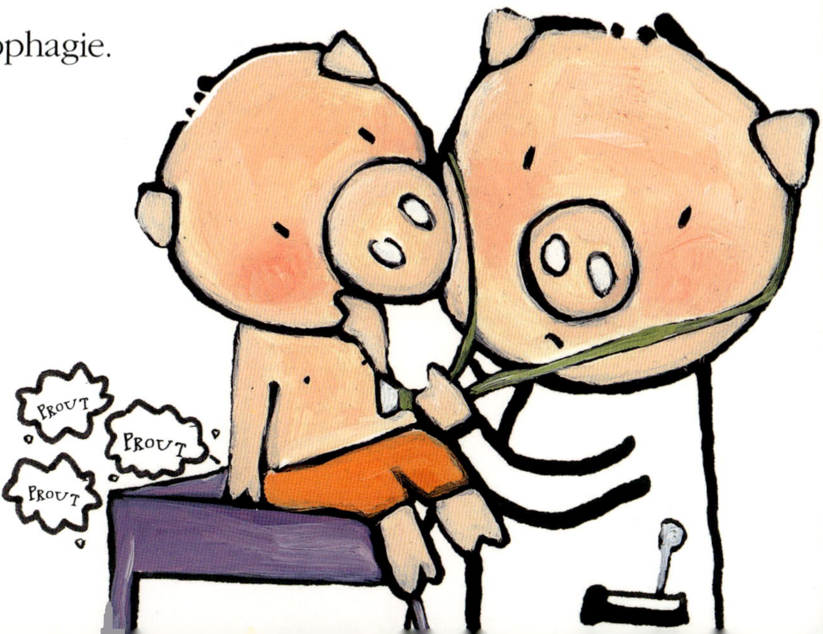

Mes copains me surnomment Monsieur
Prout-prout. J'ai beau leur répéter
que je m'appelle Rémi, RÉMI, er,
e accent, em, i, ils s'en fichent
complètement. Pour eux, je suis
et je resterai toujours
Monsieur Prout-prout, le péteur.
Le pire de tout, c'est que,
quand quelqu'un pète en classe,
tous les regards se tournent
automatiquement vers moi.
Et j'ai beau protester,
dire que je n'y suis pour rien,
personne ne me croit.
En plus, je passe pour un menteur !
Des fois, il y a même des copains
qui me jouent de vilains tours :
ils font « prout prout » avec leur bouche
pour imiter mes pets.
Et qui est-ce qu'on accuse ?
Moi, évidemment !
Vous trouvez ça juste, vous ?
Au début, la maîtresse me grondait :
« Rémi, petit cochon, veux-tu
bien cesser ces bruits dégoûtants ! »
Mais depuis que maman lui a expliqué
mon problème, elle se contente
de lever les yeux au ciel en soupirant.
J'en ai vraiment marre.
Surtout depuis l'arrivée de la nouvelle !

La nouvelle s'appelle Mélanie.
Elle est si jolie que je pourrais
la regarder des journées entières
sans me lasser. Elle, par contre,
ne me regarde jamais.
Je ne lui plais pas, c'est évident !
Ou alors, elle a peur des moqueries.
Sortir avec Monsieur Prout-prout,
quelle honte !
Sûr, elle n'a pas envie qu'on la surnomme
Mam'zelle Prouta !
Alors je reste tout seul dans mon coin,
à rêver d'elle.
Et ça me rend si malheureux
que je pleure souvent, dans mon lit,
avant de m'endormir.

Un soir, papa m'a entendu.
Il est entré dans ma chambre
avec un paquet
de mouchoirs en papier.
« Qu'as-tu, Rémi ? »
m'a-t-il demandé doucement.
J'ai pris le temps de me moucher,
puis je lui ai tout avoué.
Alors, il s'est assis au bord du lit.
« Connais-tu l'histoire de Joseph Pujol ?
Non ? Eh bien, je vais te la raconter. »

« Joseph Pujol naquit à Marseille
en 1857 et, très tôt, s'aperçut
qu'il pouvait faire de la musique
avec ses fesses.
Il jouait aussi bien *Sur le pont d'Avignon*
que des morceaux de jazz,
de la valse ou du tango.
Un jour, il décida de se produire
en public et devint... »
Papa a sauté sur ses pieds pour prendre
une pose de présentateur télé.
« Tatatatam... LE PÉTOMANE !
Très vite, ce fut le succès, puis la gloire.
Le Pétomane se produisait
dans les plus grands théâtres.
Des rois, des princes, des émirs,
des ambassadeurs venaient l'applaudir...
Quand il apparaissait sur la scène,
dans son élégant costume noir,
c'était du délire : le public
l'acclamait debout.
Il saluait, puis tournait le dos,
se penchait vers l'avant, relevait
sa veste et... PROOOUUUT ! »

Médusé, j'ai soufflé :
« Il… il pétait… en vrai ?
Comme ça, devant tout le monde ?
– Devant des milliers de spectateurs
qui hurlaient de rire !
– Et ça ne le vexait pas
qu'on se moque de lui ?
– Personne ne se moquait de lui,
je t'assure !
On l'admirait, au contraire !
Ces rires, ce n'étaient pas des moqueries
mais des hommages !
Joseph Pujol devint immensément riche.
Il épousa une femme ravissante
qui lui donna dix enfants.
Hélas, aucun n'hérita de son don,
si bien que l'art de la pétomanie
s'est perdu… »
Papa m'a souri d'un petit air complice.
« Quoique… cet art ne s'est
peut-être pas complètement perdu,
qu'en penses-tu ?
Ça ne te tenterait pas, plus tard,
une belle carrière comme la sienne ? »
Bien sûr que ça me tentait,
et pas qu'un peu !
Après m'avoir embrassé et bordé,
papa a éteint la lumière et est parti,
me laissant à nouveau seul
dans le noir. Alors, j'ai réfléchi…
J'ai réfléchi…

C'est cette nuit-là, que j'ai pris
ma décision. J'allais, moi aussi,
devenir une vedette.
Il suffisait que je module mes pets
pour qu'ils soient mélodieux.
Pendant des heures et des heures,
je me suis exercé. Jusqu'à ce que…
« Ça y est ! »
C'était la première note
d'*Au clair de la lune* !
Après quelques nouveaux essais,
je suis parvenu à produire
la seconde note. Puis la troisième.
Le reste n'était plus qu'une question
d'entraînement…

Le lendemain, en classe, j'ai distribué
des tracts :
« Mercredi à deux heures,
venez tous au square voir
RÉMI, LE COCHON
AUX FESSES MUSICALES.
Un phénomène unique au monde !
Entrée gratuite. »
Quand le grand jour est arrivé,
j'avais le cœur battant.
Mes camarades allaient-ils répondre
à l'invitation ?
Ma pub avait-elle été assez convaincante ?
Oui, elle l'avait été.
Ils étaient tous là :
Paul l'agneau, Louis le kangourou,
Simone la poule, Cyril le lapin,
Christophe le chien, Jean le cobaye,
Stéphane l'orang-outang,
Alice la coccinelle… et Mélanie !

J'en aurais pété de bonheur !
C'est d'ailleurs ce que je m'apprêtais
à faire quand, malheureusement,
les choses se sont gâtées…
Debout sur le carton
qui me servait de scène,
j'ai salué et j'ai annoncé :
« Maintenant, chers spectateurs,
ouvrez bien vos oreilles :
je vais vous interpréter la sonate
en ré mineur de Beethoven ! »
Puis je me suis tourné et j'ai poussé.
Rien n'est venu. Rien de rien.
Pas le plus minuscule petit pet.
Les copains me regardaient, sidérés.
Et moi, je poussais, je poussais,
jusqu'à devenir tout rouge, tout bleu,
tout vert. Sans résultat.
Il y a eu des rumeurs
dans la foule, derrière moi :
« C'est quoi, ce cirque ?
– Où elle est, la musique ?
– Pourquoi il ne se passe rien ? »
Je ne vous dis pas l'humiliation !
Je me sentais ridicule, mais ridicule ! ! !
Soudain, une voix a dominé le brouhaha :
« Vas-y, Rémi ! Courage ! »
C'était Mélanie.
Et elle m'avait appelé Rémi,
pas Monsieur Prout-prout.
Sous le coup de l'émotion,
j'ai redoublé d'efforts.
Mais rien à faire : mon derrière
restait muet. Le trac, sans doute.
Quand elles sont devant leur public,
même les plus grandes stars serrent

les fesses ! Je me suis retourné
vers mes camarades, prêt à affronter
leurs moqueries, et là… là…
Là, j'ai eu la surprise de ma vie.
Parce qu'au lieu de se moquer,
ils poussaient, eux aussi.
De toutes leurs forces.
Comme pour essayer de m'aider.
Et ils pétaient, pétaient. Tous.
Surtout Mélanie.
Ça m'a décoincé d'un seul coup.
Et j'ai eu une idée géniale :
« Si nous formions une fanfare ? »
Ma proposition leur a plu
et, une demi-heure plus tard,
nous traversions le square
à la queue leu leu, en proutant en chœur.
Bon, d'accord, ça ressemblait à tout
sauf à de la musique,
mais pour une première fois,
ce n'était pas trop mal.
Surtout lorsque, complètement
par hasard, la fanfare a joué
les deux premières notes
de La Marche nuptiale,
et que Mélanie m'a embrassé !

J'ai perdu mon bisou !

Natallie
Marie Flusin

Dans la cour de l'école, Clémentine
et ses deux copines, Lucie et Léa,
ont trouvé un nouveau jeu :
parler très très vite.
Le résultat, super amusant,
c'est qu'elles ne comprennent rien
à ce qu'elles bafouillent
et que les postillons volent
aussi vite que les mots.
Essoufflée, Clémentine annonce :
« Pfou ! J'arrête ! »
Elle s'aperçoit tout à coup
qu'elle n'a plus le bracelet doré
que sa grande sœur lui a offert hier.
« Oh, j'ai perdu mon bisou… »

Ses copines éclatent de rire.
« Je voulais dire mon bijou,
rectifie la fillette.
– Oui, mais tu as dit bisou !
réplique Léa.
– Bi-JOU ! J'ai dit bi-JOU !
– Hi, hi, Clémentine a perdu un bisou ! »
chantonne Lucie.
Et les deux amies s'empressent d'aller
raconter l'affaire aux autres fillettes
de la classe.

Clémentine retrouve vite son bracelet
tombé près d'un banc,
mais elle n'est pas du tout contente.
Maintenant, ce sont les garçons
qui se passent la nouvelle :
« Il paraît que Clémentine a perdu
un bisou ! »
Tout sourire, Lucie et Léa reviennent
vers leur copine.
« C'est pas malin ! se fâche Clémentine.
– Mais non, c'est rigolo ! »
s'exclame Léa.
À cet instant, un garçon
s'approche des trois petites filles.

Il a un sourire un peu timide.
Derrière lui, ses copains l'observent à distance. Il se retourne brièvement pour les regarder. Clémentine fait semblant de ne pas l'avoir remarqué.
« Dis, Clémentine, moi je l'ai retrouvé ton bisou », dit-il.
La fillette le dévisage et s'exclame brusquement :
« Alors, rends-le moi ! »
Le garçon ne s'y attendait pas, mais il ne se démonte pas.
Il s'approche de Clémentine et… l'embrasse sur la joue.
Léa et Lucie ouvrent de grands yeux stupéfaits.
Les garçons éclatent de rire.
« Non, ça c'est pas mon bisou, fait Clémentine avec un air sévère.
C'est un bisou d'escargot tout baveux », dit-elle en s'essuyant la joue.

Un peu plus tard, un deuxième garçon
se décide à relever le défi.
Il s'approche de Clémentine en ricanant
et en jouant les gros costauds,
torse bombé, bras à demi repliés.
D'ailleurs, on dirait plutôt un gorille.
« J'ai trouvé ton bisou,
il était sous le préau, annonce-t-il
en se balançant légèrement.
– Vas-y. Rends-le moi »,
demande Clémentine.
Le garçon lui pose une bise un peu
maladroite sur la joue gauche.
Puis il attend le verdict.
« Non, ça c'est un bisou de chimpanzé »,
lâche la fillette.

Un troisième candidat tente sa chance.
Mais il est si nerveux qu'il effleure
à peine la joue de Clémentine.
« Un bisou de moustique ! Zéro ! »

Un quatrième élève approche,
à la manière d'un boxeur s'apprêtant
à monter sur le ring.
Clémentine l'arrête tout de suite.
« C'est pas la peine.
Toi, ce que tu as trouvé, c'est un bisou
d'idiot-qui-fait-l'intéressant.
– Ben alors, à quoi il ressemble
ton bisou ? » lance le garçon,
un peu vexé.
Clémentine hésite quelques secondes,
puis répond :
« C'est un bisou d'amoureux. »

Léa et Lucie félicitent leur amie pour sa réponse, tandis que le garçon, bien embarrassé, s'en retourne vers ses copains.
« C'est comment, un bisou d'amoureux ? demande Léa.
– Je ne sais pas, répond Clémentine, mais comme ça j'aurai la paix. »
Les maîtresses tapent dans leurs mains la fin de la récréation.
Dans le couloir, pendant que les élèves se déchaussent pour entrer en classe, un garçon brun aux yeux noirs s'approche de Clémentine et lui lance, très vite : « Moi, je sais ce que c'est, un bisou d'amoureux ! »
Et il regagne son rang. Léa, qui a entendu, s'approche de sa copine :
« Faut lui donner un rendez-vous ! »
Clémentine hésite tout en regardant le petit brun entrer dans la classe d'à côté.
« D'accord. À la prochaine récré, je serai derrière le platane, celui à côté du préau. »

À la récréation suivante, Léa, secondée par Lucie, va délivrer le message.
Le garçon, qui s'appelle Abel, accepte le rendez-vous d'un signe de tête.
Ça n'a pas l'air de lui faire beaucoup d'effet, mais c'est parce qu'il ne veut pas le montrer.
Les deux fillettes rejoignent Clémentine derrière l'arbre.
« Il arriiiive ! » avertit Léa,
comme s'il s'agissait
d'une vedette de cinéma.
Clémentine est tout aussi excitée.
« Dis-lui que je veux plus ! »
supplie-t-elle.
Mais il est déjà trop tard.
Abel contourne le tronc. Il esquisse un sourire, puis baisse les yeux.

« Bon, alors c'est comment
un bisou d'amoureux ?
demande-t-elle un peu sèchement.
– C'est comme quand ma grande sœur
dit au revoir à son copain, sur le palier.
– Et alors ? » fait Clémentine.
Les joues du garçon deviennent
comme deux tomates bien mûres.
« Tu vois, il sait pas ! lance Lucie.
– Moi, je dis que c'est qu'il est pas cap !
renchérit Léa.
– Si ! lance Abel. Mais je rendrai
son bisou à Clémentine
que si vous vous en allez. »
Les filles sont très mécontentes,
mais elles obéissent,
parce que Clémentine le leur demande.
« Bon, tu me le rends mon bisou ? »
s'impatiente la fillette
une fois seule avec Abel.

« Ferme les yeux. »
La fillette ferme les yeux.
Abel hésite, puis avance lentement,
très lentement son visage
de celui de Clémentine.
Pour finir, il lui donne un bisou
sur la bouche.
« Voilà ! » annonce-t-il fièrement.
Clémentine rouvre les yeux
et aperçoit soudain deux maîtresses
qui les regardent, bras croisés.
« On peut savoir ce que vous faites ?
demande l'une d'elles.
– Ben... Clémentine avait perdu
un bisou, répond Abel en se retournant.
Alors je le lui ai rendu. »
Et Clémentine, rayonnante, précise :
« C'était un bisou d'amoureux, un vrai ! »

La Boîte à secrets

Christine Palluy
Philippe Goossens

Dans la chambre de Pablo,
il y a une boîte verte,
posée sur la table de nuit.
Personne ne le sait,
mais c'est une boîte à secrets.
Quand Pablo a un secret très secret,
vite, il court vers sa boîte verte.
En faisant bien attention, il soulève
un peu le couvercle.
Puis, tout doucement, un à un, il souffle
les mots secrets avant de refermer.
La boîte verte sera bientôt
pleine à craquer !

Aujourd'hui, dehors,
le vent se prend pour un méchant.
Dans la chambre de Pablo,
la fenêtre s'est ouverte.
Bim ! la porte claque.
Bam ! la lampe se renverse.
Boum ! elle fait tomber la boîte verte !
Pablo n'a pas le temps de respirer.
Déjà, tous les mots se sont évadés !
Ils rampent, ils roulent, ils volent.
La boîte verte, en faisant la cabriole,
n'a gardé aucun secret…
Pablo est catastrophé.
Il court de tous côtés.
Il se jette sur la moquette à la poursuite
des mots échappés.
Là ! sous le lit, quatre gros mots
se dandinent et rouspètent !
Ils grognent de leurs voix graves
que Maman veut tout le temps
qu'on se lave.

Aïe ! si ça continue, Maman va arriver !
Pablo file prendre un balai.
Il pousse les gros mots, il les attrape
par leur derrière et les lâche
dans la boîte verte.
Ils sont tombés,
ils ont un peu ronchonné, mais ouf !
maintenant, ils sont calmés !
Voilà que les autres secrets déboulent.
Ils caquettent comme des poules.
L'un d'eux crie que Tata Aimée
fait des bisous piquants et mouillés.
Ça les fait bien rigoler.

Attention ! Tata Aimée est justement
dans la maison !
Pablo chuchote aux secrets de se taire,
de faire leur travail de secret.
Mais non, pas question !
Ils se mettent à chanter :
« Le gâteau de Tata Aimée,
c'est Pablo qui l'a grignoté.
C'est Pablo ! C'est Pablo
le plus gourmand du quartier ! »
Pablo en assez ! Il est énervé,
il a presque envie de pleurer.

Alors les secrets s'arrêtent de chanter.
À la queue leu leu, sur la pointe
des pieds, ils retournent se cacher
dans la boîte à secrets.
Le dernier se retourne
en finissant d'escalader :
« On est désolés Pablo, dit-il avant
de sauter, c'était juste pour rigoler !
Ça nous a fait plaisir de sortir
et de respirer ! »

À présent, est-ce que tous les secrets
sont repartis se coucher ?
Pablo fait le compte. Un... deux...
trois... Catastrophe !
Il manque le plus léger, celui qui vole,
qui craquote et qui clignote sans arrêt !
Pablo regarde par la fenêtre.
Il le voit là, qui papillonne
en agitant ses ailes bleues.
Pablo lui fait des signes,
mais le secret ferme les yeux.
Il s'éloigne, il s'envole
et monte très haut dans le ciel bleu.

Pablo quitte sa chambre.
Il sort de sa maison.
Il veut vraiment récupérer
ce drôle de papillon.
La vie sera trop triste sinon.
Dans le jardin, Pablo court
et tourne en rond.
Alors, doux et léger comme une plume,
le secret descend, il caresse le front
de Pablo et reprend sa danse
dans le vent. Calamité !
Il file vers la maison d'à côté !
Il vole vers la maison de Camille…
Devant la maison d'à côté,
Camille dessine une marelle
avec sa craie.
Soudain, un joli secret vole
et clignote au-dessus
de son nez.
Camille s'arrête.
Elle fronce les yeux
pour regarder mieux.

Aussitôt, le secret aux ailes bleues
lui chuchote à l'oreille les mots doux
de Pablo l'amoureux.
Camille se lève et cherche Pablo
des yeux. Elle l'aperçoit enfin.
Il est chez lui. Il la regarde
du haut d'une échelle.
Alors, avec la craie de sa marelle,
elle dessine un grand cœur plein
de papillons bleus.

La pantoufle à fessée

France Chandèze
Pierre Bailly

Il était une fois, dans une grande ville, un immeuble aussi haut qu'une tour.
Et, au huitième étage de cet immeuble, il y avait un appartement tout cassé.
Il était tout cassé parce que les enfants qui l'habitaient, étaient de très vilains enfants qui ne faisaient attention à rien, pas même à leur appartement.
Monsieur et Madame Barouf, c'était le nom de leurs parents, avaient beau crier, jamais ces coquins n'obéissaient.
Ils ne pensaient qu'à se poursuivre en hurlant.

Certains jours, ils faisaient
tellement de bruit que les voisins
téléphonaient et menaçaient
d'appeler la police !
Alors Monsieur Barouf s'écriait :
« Eh bien ! puisque c'est comme ça,
on va appeler Frappel ! »
Mais qui était Frappel ?
C'était une grosse et affreuse pantoufle
qui puait. Elle arrivait comme une fusée,
se jetait sur les enfants, et paf, paf !
leur flanquait une énorme fessée.
Cela faisait immédiatement
revenir le calme.
Frappel habitait au fond d'un placard.
Mais quand les parents devaient
s'absenter, ils la déposaient
devant les enfants et lui disaient :
« Surveille-les bien jusqu'à notre retour. »
Alors ces petits diables commençaient
à trembler de peur car, à la moindre
dispute, à la plus petite chamaillerie,
Frappel entrait dans une grande colère
et se mettait à les frapper sans s'arrêter.
C'est pourquoi, quand ils étaient seuls
avec elle, et seulement
dans ces moments-là,
ces enfants devenaient très
sages.
Mais c'était vraiment
parce qu'ils ne pouvaient
pas faire autrement.

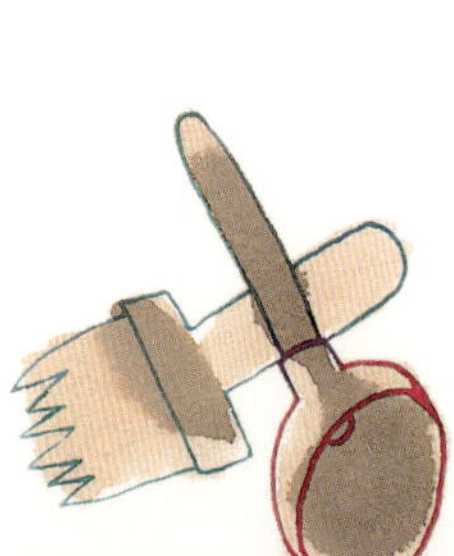

Un jour, ils en ont assez et se révoltent :
« Cette pantoufle est un vrai monstre !
Il faut trouver un moyen
pour s'en débarrasser. »

Un soir, les parents décident de sortir.
Juste avant de partir, ils installent
Frappel devant les enfants.
Tout à coup, au signal convenu,
ils se mettent à faire un vacarme
épouvantable. Ils poussent des cris
et bondissent partout.
Frappel ne tarde pas à se fâcher
et fonce sur les enfants.

Mais ces petits malins ouvrent brusquement la fenêtre, et la pantoufle, emportée par son propre élan, se jette elle-même dehors et plonge dans la nuit !
Ils se penchent tous et lui crient :
« Bon débarras, vieille savate pourrie ! »
Mais Frappel est une pantoufle magique. Aussitôt dehors, elle se met à voler et rentre dans l'appartement par une autre fenêtre. Puis elle arrive dans le dos des enfants, et paf, paf, paf ! frappe tous les derrières bien alignés.
« Aïe ! »

Le lendemain, les enfants, furieux,
se réunissent : il faut absolument
trouver autre chose !
Le plus jeune a une idée :
« Si on faisait venir Mastoc,
le chien de notre voisin ?
Il adore déchiqueter les pantoufles,
il n'en fera qu'une bouchée...
– Formidable ! » clament les autres.
Et un instant plus tard : dring !

« Bonjour, voisin ! On aimerait
beaucoup promener Mastoc.
Il est si beau !
– Mais pourquoi pas ?
Comme c'est gentil ! »
Les enfants ramènent le chien chez eux.
« Vite, ouvrons la porte du placard ! »
Mastoc flaire l'horrible odeur de Frappel
et se met à gronder en hérissant les poils.
« Attaque ! Attaque ! » font les enfants.
Mastoc ouvre la gueule, saisit la pantoufle
et la secoue furieusement...
Mais, chose étrange, Frappel s'étire,
s'étire comme un élastique,
puis brusquement se relâche
sur le museau du chien !
Mastoc bondit de douleur
et laisse tomber la pantoufle
qui en profite pour s'échapper.
« Cette mégère a encore gagné !

Mais la prochaine fois, ce sera nous ! »
Désormais, les enfants réfléchissent tant et tant qu'ils en perdent le sommeil !
Et puis un jour, avec un simple filet à papillons, ils capturent la pantoufle en plein vol :
« Hourra ! Elle ne peut plus nous échapper ! »
Frappel est ligotée dans son filet et jetée dans le vide-ordures.
« Cette fois-ci, adieu, vieille babouche puante ! »
Frappel glisse, glisse dans le conduit et floc ! tombe dans le grand sac poubelle de l'immeuble. À la fin de la journée, le sac est sorti sur le trottoir.
Un chat affamé s'approche et l'ouvre avec ses griffes, puis il commence à fouiller.
Soudain, quelque chose s'accroche à sa patte : impossible de s'en défaire !
C'est le filet de Frappel !
Le chat s'est entortillé dedans et miaule misérablement...

Un monsieur s'arrête :
« Qu'est-ce que tu as, mon pauvre minou ? Attends, je vais te délivrer. »
Il libère le chat et regarde le filet :
« Sapristi ! Mais… c'est Frappel ! »
dit Monsieur Barouf, car c'est bien lui !
Il prend la pantoufle et rentre à la maison.
En voyant Frappel arriver,
les enfants sont stupéfaits !
« Qu'y a-t-il ?
demande Monsieur Barouf.
– Cette pantoufle…
– Cette pantoufle, quoi ? Parlez !
– C'est-à-dire…
que nous n'en voulons plus !
– Voulez-vous dire
que vous êtes devenus sages ? »
Les enfants se regardent :
« Euh… oui, oui, c'est ça,
c'est tout à fait ça !
– Eh bien, d'accord, je vous crois.
Et dans ce cas, on n'a bien sûr,
plus besoin de Frappel. »

Alors, Monsieur Barouf souffle
sur la pantoufle et Frappel disparaît.
« Eh ben… ! s'exclament les enfants,
si on avait su que c'était aussi facile !
– Ne croyez pas que ce soit si simple !
répond leur père.
Maintenant c'est à vous
de faire attention pour ne pas attirer
une autre Frappel à la maison !
Car n'oubliez pas qu'une Frappel
ne tarde jamais à venir lorsqu'il y a
des enfants à punir ! »

Mon âne avait des lunettes bleues

René Gouichoux
Anne-Sophie Lanquetin

C'est le matin.
Je prépare mon cartable.
Clic-clac, voilà, c'est fait.
J'enfile mes chaussures,
je noue mes lacets.
Soudain, panique :
j'ai oublié ma poésie.
Je crie :
« Maman, maman,
je ne sais plus ma poésie.
– Écoute, mon petit Théodule,
répond ma mère, c'est un peu tard
pour y penser. »

Elle ajoute :
« D'ailleurs il est l'heure
d'aller à l'école. Je démarre la voiture
et je t'attends. »
Elle s'en va.
Je reste tout seul dans le couloir.
Comment vais-je me débrouiller ?
J'attrape mon blouson.
Je cours à la porte. Je l'ouvre.
Mais quelle surprise !
La voiture a disparu.
À la place, un âne, un vrai.
Et il me parle :
« Eh bien tu montes ou tu restes
planté comme un piquet ?
– Heu… » dis-je.

Il ajoute :
« Alors ? »
Je grimpe et on se met en route.
L'âne avance tranquillement.
Soudain, il fredonne :
« Mon âne, mon âne,
avait bien mal aux yeux.
– Comment, tu connais ma poésie ?
– Ben oui, répond-il, tous les ânes
connaissent les poésies. »
Il continue de trottiner.
Nous arrivons devant l'école.
« Si on allait se promener ?
propose l'âne.
– D'accord », dis-je.
L'âne reprend sa marche.
On quitte la rue de l'école.
On circule entre les maisons.
Bientôt on arrive à la campagne.

On traverse un champ quand soudain,
un lion surgit, énorme et terrifiant.
« On oublie l'école ? » ricane-t-il.
Je descends du dos de l'âne.
Je me faufile discrètement
derrière un arbre.
Je m'apprête à fuir dans les hautes herbes.
Mais soudain, j'entends le lion
qui se lance à ma poursuite
en grognant :
« Mon âne, mon âne
avait bien mal aux yeux,
Madame lui fit faire
une paire de lunettes bleues . »
En disant « lunettes bleues »,
il bondit sur moi.
Heureusement, au même moment,
un aigle passe en vol plané.
Il m'attrape par la ceinture,
au nez et à la barbe du lion.
Avec lui, je traverse le ciel.
Il me conduit à l'abri dans son aire,
au sommet d'un pic.
Je soupire. Je suis sauvé.

J'entends l'aigle murmurer :
« Mon âne, mon âne
avait bien mal aux yeux,
Madame lui fit faire
une paire de lunettes bleues.
Une paire de lunettes bleues
pour mettre sur ses yeux. »
Au dernier mot, un coup de feu sec
claque : pan !
« Les chasseurs ! » crie l'aigle.
Et il ajoute :
« Saute ! Vite ! »
Déjà l'aigle prend son envol.
J'hésite, accroupi sur le bord du nid.
En bas, le précipice m'attend.
« Saute ! » répète l'aigle en s'enfuyant.
Je saute. Le vide est immense,
le gouffre impressionnant.
Je ferme les yeux,
car j'ai vraiment très peur.
Et tout à coup, blong !
j'atterris dans quelque chose de mou.
J'ouvre les yeux. Quelle surprise !
Je suis dans ma voiture,
blotti sur le siège arrière.
« Maman, maman, il m'est arrivé
une aventure extraordinaire.
– Où étais-tu passé ? » demande maman.
Je lui raconte tout : l'âne, le lion, l'aigle,
les chasseurs.
J'ajoute aussi :
« Il y a juste un petit problème,
il me manque la fin de la poésie.
– Je la connais moi cette fin,
dit maman.
– Toi, tu connais la fin ?

– Moi aussi j'ai été petite,
mon Théodule. Écoute plutôt :
Mon âne, mon âne
avait bien mal aux yeux,
Madame lui fit faire
une paire de lunettes bleues,
une paire de lunettes bleues
pour mettre sur ses yeux,
Et des souliers lilas lala.
Et des souliers lilas. »
Je lui saute au cou.
« Oh ! maman, bisous bisous », dis-je.
Et j'ajoute :
« La maîtresse, ce matin,
je vais bien l'épater ! »

Le tonneau du pirate

René Gouichoux
Véronique Mazière

Un jour, mon père grimpa l'escalier en criant :
« Hé ho matelot, devine ce que je t'apporte ! »
Il entra dans ma chambre, chargé d'un énorme tonneau.
« Ouf ! dit-il en déposant son lourd fardeau. Ce tonneau, cerclé de fer et clouté d'argent, appartenait à Eritansegui, le fameux pirate à la jambe de bois. Je te le donne, maintenant il est à toi.
– Et les trous sur le côté ? demandai-je.
– Sept trous, reprit mon père, les restes d'un combat : sept coups de pistolet. »

Bon sang ! Je possédais le tonneau
du fameux pirate Eritansegui !
Désormais, j'étais un homme.
Je saisis Fanfan, la petite peluche
qui m'accompagnait depuis mon berceau.
Je la laissai tomber au fond du tonneau.
Je lui murmurai :
« Adieu Fanfan. Maintenant,
je suis un homme, je dois te quitter. »
J'ajoutai tous mes trésors, mes koalas,
mon singe, ma chenille, mon tigre,
mon chien, mon castor et ma girafe.

Cette nuit-là, je rêvai de haute mer,
de galions et de sirènes…

Soudain, vers le milieu de la nuit,
j'entendis : Poc… poc… poc…
Le pirate à la jambe de bois !
Il voulait sans doute récupérer
son tonneau. J'ouvris un œil.
Pas de pirate, bien sûr.

C'était la fenêtre qui battait sous le vent.
Cependant, je n'étais pas très rassuré.
Armé de ma lampe électrique,
j'allai chercher Fanfan dans le tonneau.
C'était elle qui montait la garde,
d'habitude.
Mais je me souvins :
elle était tout au fond.
Je chassai la chenille, le singe,
les koalas ; enfin, je l'aperçus :
j'étais sauvé !

Mais juste comme je serrais Fanfan
contre moi, cric crac, j'entendis
qu'on fermait le tonneau.
« Allez matelots, ho hi hé ho !
Emportez-moi ça. »
La voix du pirate !
J'étais glacé de terreur.
Je sentis qu'on me soulevait
et qu'on m'emportait
à travers la campagne.
Je reconnus bientôt l'odeur de l'océan.
« Ho hi hé ho, hurla le pirate, en route !
On a récupéré le tonneau ! »
Aussitôt, les marins hissèrent les voiles.
Le bateau fila en haute mer.
Splof, splof ! Le navire frappait les vagues.
Ring, rang ! Le tonneau roulait sur le pont
et j'avais mal au cœur.
Poc, poc ! J'entendais la jambe du pirate.

Soudain, un énorme pied bloqua
le tonneau. Une voix dit :
« Au fait, Cap'tain, pourquoi s'embarrasser
d'un tel chargement ?
– Pourquoi ? gronda le capitaine pirate,
mais sais-tu qui est dans ce tonneau ?
C'est le fils du roi lui-même !
– Hé, criai-je à travers le tonneau,
je ne suis pas le fils du roi,
mais Romain Liziard,
j'habite 4, rue du champ de foire,
et mon père travaille à l'arsenal de Brest !
– Ha ha ha, cause toujours !
dit le capitaine. Allez matelots,
ho hi hé ho, filez ! »
Et de sa voix terrible, il ajouta :
« La sorcière Kenavo nous donnera
un bon prix pour cet avorton. »

Soudain, une lame, plus forte
que les autres, s'abattit sur le pont…
et le capitaine et son matelot tombèrent.
« Par les cornes du diable ! » jurèrent-ils.
Sous l'effet de la vague, le tonneau,
libéré, roula sur le pont.
Pan, il heurta le bastingage
et le couvercle s'ouvrit. J'étais libre.
C'était le moment de fuir.
Serrant très fort Fanfan contre moi,
je quittai le tonneau et me réfugiai
derrière un tas de cordages.
L'instant d'après, le capitaine était debout.
« Le freluquet a disparu », gronda-t-il.
Sa bouche s'agrandit, il hurla :
« Retrouvez-le ! »

Il s'assit sur le tas de cordages.
Il était si près que je croyais sentir
son souffle. Je le voyais là,
devant mes yeux, les pistolets d'argent
glissés dans sa ceinture.
C'était maintenant ou jamais.
Je respirai en silence, j'embrassai Fanfan,
puis, tel un corsaire indomptable,
je bondis. Vif comme l'éclair,
je saisis les deux pistolets.
« Haut les mains, grosse patate ! »
hurlai-je de toutes mes forces.
« Fini de jouer, ajoutai-je,
tu mc ramènes à terre
et je te laisse la vie sauve.
Bien entendu, je garde le tonneau. »
Le capitaine tenait à la vie !
« Chaloupe à la mer, ordonna-t-il
à ses hommes. On ramène le garçon
et son tonneau. »
Les pirates ramèrent vigoureusement
jusqu'à la terre ferme.

Avant que je quitte la chaloupe,
le capitaine pirate me questionna :
« Mais quel est donc le secret
de ton courage ? »
Je lui tendis ma Fanfan.
« C'est elle », lui dis-je en montrant
ma peluche.
Puis j'ajoutai : « Tiens, je te la donne
en souvenir de moi. »
Les pirates déposèrent le tonneau
à terre. À mon tour, je quittai la chaloupe.
Il y avait du chemin, pour rentrer
chez moi !

Lito - 41, rue de Verdun 94500 Champigny-sur-Marne
Imprimé en CEE - Loi n°49-956 du 16 juillet 1949
sur les publications destinées à la jeunesse
Dépôt légal : septembre 2005